BEI GRIN MACHT SICH IHR WISSEN BEZAHLT

- Wir veröffentlichen Ihre Hausarbeit, Bachelor- und Masterarbeit

- Ihr eigenes eBook und Buch - weltweit in allen wichtigen Shops

- Verdienen Sie an jedem Verkauf

Jetzt bei www.GRIN.com hochladen und kostenlos publizieren

Ann-Christin Klein

Occupy the elections?

Analyse Obamas wahlstrategischer Haltung gegenüber Occupy anhand exemplarischer Stärken und Schwächen der Bewegung und deren Nutzen für die Demokraten

GRIN Verlag

Bibliografische Information der Deutschen Nationalbibliothek:

Die Deutsche Bibliothek verzeichnet diese Publikation in der Deutschen Nationalbibliografie; detaillierte bibliografische Daten sind im Internet über http://dnb.d-nb.de/ abrufbar.

Dieses Werk sowie alle darin enthaltenen einzelnen Beiträge und Abbildungen sind urheberrechtlich geschützt. Jede Verwertung, die nicht ausdrücklich vom Urheberrechtsschutz zugelassen ist, bedarf der vorherigen Zustimmung des Verlages. Das gilt insbesondere für Vervielfältigungen, Bearbeitungen, Übersetzungen, Mikroverfilmungen, Auswertungen durch Datenbanken und für die Einspeicherung und Verarbeitung in elektronische Systeme. Alle Rechte, auch die des auszugsweisen Nachdrucks, der fotomechanischen Wiedergabe (einschließlich Mikrokopie) sowie der Auswertung durch Datenbanken oder ähnliche Einrichtungen, vorbehalten.

Impressum:

Copyright © 2012 GRIN Verlag GmbH
Druck und Bindung: Books on Demand GmbH, Norderstedt Germany
ISBN: 978-3-656-36111-4

Dieses Buch bei GRIN:

http://www.grin.com/de/e-book/202882/occupy-the-elections

GRIN - Your knowledge has value

Der GRIN Verlag publiziert seit 1998 wissenschaftliche Arbeiten von Studenten, Hochschullehrern und anderen Akademikern als eBook und gedrucktes Buch. Die Verlagswebsite www.grin.com ist die ideale Plattform zur Veröffentlichung von Hausarbeiten, Abschlussarbeiten, wissenschaftlichen Aufsätzen, Dissertationen und Fachbüchern.

Besuchen Sie uns im Internet:

http://www.grin.com/

http://www.facebook.com/grincom

http://www.twitter.com/grin_com

Inhaltsverzeichnis

1. Einleitung..2
2. Obamas momentane Einstellung gegenüber Occupy................................. 3
3. Exemplarische Stärken und Schwächen der Occupy-Bewegung......................4
      3.1 Profil der Partizipanten...5
      3.2 Organisationsform..8
      3.3 Öffentliche Akzeptanz...11
4. Obamas Haltung zu Occupy: Kluge Taktik oder ungenutzte Chance?...........13
5. Arbeitstagebuch..14
6 Literaturverzeichnis...15
7. Internetquellenverzeichnis..16

1. Einleitung

„Die Schweine von heute sind die Schinken von morgen" - diese und weitere Parolen schmücken die Zelte des Frankfurter Occupy-Lagers vor der Europäischen Zentralbank. Im vergangenen Jahr ist Occupy eines der Schlagwörter unserer Zeit geworden, einer Zeit des revolutionären Umbruchs, wie zuletzt der Arabische Frühling beispielhaft illustriert hat. Auch Occupy ist Teil dieser Revolution, die sich innerhalb kürzester Zeit von der Wall Street über den „großen Teich" nach Europa und mittlerweile nahezu weltweit verbreitet hat.
Occupy (dt. „Besetzt!") ist mittlerweile zum Inbegriff des Widerstands gegen spekulative Finanzpolitiken geworden In dieser Facharbeit bezieht sich der Occupy-Begriff lediglich auf die Bewegung in den USA, wobei aufgrund der regen Interaktion zwischen den lokalen Lagern keine exakte Trennung vorgenommen werden kann - doch warum nun die USA?

Tatsache ist, dass vor allem Occupy Wall Street in der Domäne der Smith'schen Wirtschaftspolitik für viel Furore gesorgt hat, indem die Bewegung mit teils ungewöhnlichen Methoden auf innenpolitische Missstände aufmerksam machte. Derartige Formen des Protests haben folglich auch die Blicke der internationalen Medienwelt in besonderem Umfang auf sich gezogen, weshalb sich eine vielfältige Quellenlage offeriert, weshalb sich eine vielfältige Quellenlage offeriert, die aufgrund der Aktualität des Themas bislang hauptsächlich in digitaler Form vorzufinden ist.
Bedenkt man zudem die bevorstehenden Präsidentschaftswahlen zeigt sich die enorme Brisanz des Themas für die Sozialwissenschaften.
Kann Obama vielleicht sogar Nutzen aus der „*broad-based frustration*"[1] des amerikanischen Mittelstandes ziehen? Müssten Ideale der US Democratic Party bei einer solchen Bewegung nicht auf besonders fruchtbaren Boden fallen? Warum hat sich sein Wahlkampfteam für eine bestimmte Haltung Occupys gegenüber entschieden?

Ebendiese Fragen sollen in der vorliegenden Facharbeit beantwortet werden. Im folgenden ersten Teil soll Obamas momentane Haltung gegenüber Occupy genauer dargestellt werden. Der zweite Teil der Facharbeit beschäftigt sich mit einer Analyse ausgewählter Stärken und

---

[1] Madison, Lucy (2011): „Obama: ‚Occupy Wall Street' reflects 'broad-based frustration'", S.1. URL: http://www.cbsnews.com/8301-503544_162-20116707-503544/obama-occupy-wall-street-reflects-broad-based-frustration-/ [Stand: 26.02.2012].

Schwächen der Occupy-Bewegung, für die ein eigens entwickeltes Modell zur Erfassung politischer Bewegungen herangezogen werden soll. Der abschließende dritte Teil setzt die erarbeiteten Stärken und Schwächen in Relation und bewertet anschließend, inwiefern Obama mit seiner momentanen Einstellung zu Occupy eine wahlkampftechnisch geschickte Strategie gewählt hat.

2. Obamas momentane Einstellung gegenüber Occupy

Bevor Spekulationen über eine Zusammenarbeit von Occupy und Obama überhaupt erst sinnvoll werden, muss zunächst die Frage nach dem Status Quo geklärt werden. Welche Haltung Obamas der Bewegung gegenüber ist also erkennbar?

Die Antwort auf diese Frage könnte komplizierter und komplexer kaum sein. Der Grund dafür liegt unter anderem darin, dass vor allem von Seiten Obamas eine genaue Haltung gegenüber der Bewegung selten konkret erkennbar ist. So formulierte er zwar griffig in einem Interview „*we are on their side*"[2], woraus ein nicht unwesentlicher Anteil der Presse folgerte, Obama würde damit OWS und somit auch Occupy allgemein seine Unterstützung zusichern. Dass darin allerdings nur die halbe Wahrheit liegt, zeigt sich bei genauerer Betrachtung des Kontextes, aus dem dieses Zitat entnommen wurde.

> „*I understand the frustrations that are being expressed in those protests (...) the most important thing we can do right now is those of us in leadership, letting people know that we understand their struggles, we are on their side.*"[3]

Wer ist hier genau mit „they" gemeint? Sind es wirklich die Okkupisten? Oder spricht Obama diejenigen an, die durch die Finanzkrise etc. in die von ihm benannten „struggles" gekommen sind? Seine Formulierungen lassen in der Tat keine genaue Antwort auf diese Fragen zu, worin allerdings genau der Grund liegt, die Verwendung des Wortes „Unterstützung" infrage zu stellen.

---

[2] ABC News (2011): „Transcript: ABC News' Jake Tapper's Exclusive Interview With President Obama", S.3. URL: http://abcnews.go.com/Nightline/transcript-abc-news-jake-tappers-exclusive-interview-president/story?id=14764446 [Stand: 26.02.2012].
[3] Vgl. ebd.

Auf einen weiteren Anlass, daran zu zweifeln, weißt der Journalist Conn Carroll hin:
„(I)t struck me, the one major political organization that I hadn't heard say a word about OWS was the Obama campaign"[4].
Hier bezieht sich Carroll vor allem auf den Internetauftritt der Kampagne, barackobama.com, der auch auf Nachforschungen der Verfasserin keinen Bezug zu OWS oder Occupy im Allgemeinen aufweist. Dennoch lässt sich daraus ebenfalls nur implizit eine Haltung folgern.

Obama zeigt sich momentan also wenig offenkundig kooperationsbereit, sondern eher diplomatisch zurückhaltend. Aber warum? Ist Diplomatie an dieser Stelle keine ungenutzte Chance? Aus welchen Eigenschaften der Bewegung könnten die Demokraten eventuell noch Nutzen ziehen? Welche Faktoren sind ausschlaggebend für die Diplomatie? Dafür sollen im Folgenden zunächst ausgewählte Aspekte von Occupy genauer beleuchtet werden.

3. Exemplarische Stärken und Schwächen der Occupy-Bewegung
"In some ways, they're (Anm.: gemeint sind die Proteste von Occupy) not that different from some of the protests we saw coming from the Tea Party, both on the left and the right"[5].

Dass bei einer Analyse einiger Stärken und Schwächen Occupys stellenweise ein Vergleich mit der Tea-Party-Bewegung nicht ganz abwegig erscheint, zeigt auch das oben genannte Zitat Obamas. Beide Bewegungen haben hinsichtlich der innenpolitischen Situation der USA Konflikte indiziert - und ebenso für viel Aufregung in den Medien gesorgt.

Die vorliegende Facharbeit soll allerdings das Augenmerk eindeutig auf die Occupy-Bewegung verlagern, sodass es sich hierbei um keinen Vergleich beider Bewegungen handelt, sondern um eine Auswertung einiger Eigenschaften Occupys. Die ausgewählten Vergleichsdisziplinen sollen die Bewegung möglichst genau erfassen und darstellen können. Dafür muss zunächst die Überlegung erfolgen, was eine Bewegung überhaupt ausmacht und

---

[4] Carroll, Conn (2011): „Obama's impending Occupy nightmare".
URL: http://campaign2012.washingtonexaminer.com/blogs/beltway-confidential/obamas-impending-occupy-nightmare [Stand: 25.02.2012].

[5] ABC News (2011): „Transcript: ABC News' Jake Tapper's Exclusive Interview With President Obama", S.3. URL: http://abcnews.go.com/Nightline/transcript-abc-news-jake-tappers-exclusive-interview-president/story?id=14764446 [Stand: 26.02.2012].

woraus sie besteht: Wer protestiert? Wie ist dieser Protest organisiert? Und inwiefern finden die Protestierenden Anklang in der Bevölkerung?

Aus diesen Fragen lässt sich eine dreiecksähnliche Konstellation herleiten, die auch Basis für die kommende Analyse sein soll. Das Dreieck umfasst ein Profil der Partizipanten und ihrer Motivation, eine Betrachtung der Organisationsform und eine Reflektion dessen, inwiefern die Bewegung Akzeptanz bei der Bevölkerung findet. Die Eignung dieser Parameter liegt vor allem darin begründet, dass sie bei einer jeden Bewegung in ähnlicher Ausprägung vorliegen und existentielle Grundfragen an eine jede politische Bewegungen stellen, sodass sie von hohem wissenschaftlichen Interesse begleitet werden. Zudem haben alle drei Faktoren ebenfalls einen nicht unwesentlichen Einfluss auf die Langfristigkeit und Beständigkeitsprognose einer politischen Bewegung, wodurch sich ihre Wichtigkeit nochmals verstärkt.

3.1 Profil der Partizipanten

„99 Prozent, das soll für die überwiegende Zahl der Menschen stehen, die (...) aus Sicht der Aktivisten maßgeblich an der Wall Street verursachten Finanzkrise leiden"[6] - so beschreibt das „Handelsblatt" die Motivation der Occupy-Bewegung. Auch Johannes Thimm, US-Experte an der Stiftung Wissenschaft und Politik in Berlin, unterstützt die Annahme. Er charakterisiert die Zusammensetzung der OWS-Bewegung als vor allem bestehend aus von der Finanzkrise getroffenen Bürgern der amerikanischen Mittelschicht[7]. Charles Petersen, Journalist des amerikanischen Magazins *n+1*, schreibt: *„Sie alle gehören zum ‚Prekariat', auch sie kämpfen jeden Tag darum, irgendwie über die Runden zu kommen, leben von der Hand in den Mund"*[8].

---

[6] Dörner, Stephan/ Rüdel, Nils (2011): „‚Occupy Wall Street': Hacker wollen die Börse aus dem Netz radieren", S.1. URL: http://www.handelsblatt.com/technologie/it-tk/it-internet/occupy-wall-street-hacker-wollen-die-boerse-aus-dem-netz-radieren/4693264.html [Stand: 26.02.2012].

[7] Vgl. Mathé, Alexander U. (2011): „Mit Occupy kommt linke Kritik an Obama", Interview geführt vom Autor, S.1.
URL: http://www.wienerzeitung.at/nachrichten/politik/welt/ [Stand: 26.02.2012]

[8] Petersen, Charles: „Die Politik der Armen. Die 99 Prozent und der Populismus von links." In: Blumenkranz, Carla/ Gessen, Keith/ Glazek, Christopher u.a. (Hg.): *Occupy: Die ersten Wochen in New York. Eine Dokumentation.* Berlin: Suhrkamp, 2011. S.51f.

Wirtschaftliche Interessen sind also als Hauptgrund für die Occupy-Proteste anzuerkennen, wovon sich jedoch besonders Amerikas jüngere Generation betroffen zeigt: Das Thema der Chancengleichheit bezüglich Bildung scheint in diesen Protesten zur Zeit der „*Bildungspleite*"[9] in den Vereinigten Staaten an neuem Auftrieb zu gewinnen. Unterstützt wird die These durch die Forschungsergebnisse des Wirtschaftswissenschaftlers Mike Konczal, der im letzten Jahr eine Studie durchführte, in der er Beiträge auf www.wearethe99percent.tumblr.com statistisch erfasst und ausgewertet hat. Ergebnis der Studie ist, dass die Verfasser der ca. 1000 Kommentare im Alter zwischen 17 und 31 Jahren waren. Besonders aktiv zeigten sich dabei die 20- bis 27-jährigen - also etwa junge Erwachsene im Studentenalter[10]. Eine in den Beiträgen erwähnte Problematik war auch die der Rückzahlung von Studienkrediten, von der eine Studentin hier berichtet:

> *„Ich bin Studentin und habe schon jetzt rund 15000 USD Schulden, obwohl ich mein Studium noch nicht einmal abgeschlossen habe. In den letzten zwei Jahren war es mir nicht möglich, irgendeine Arbeit zu bekommen (…) WIR SIND DIE 99%"*[11].

Auch eine im Oktober 2011 durchgeführte Studie zum durchschnittlichen Alter der AktivistInnen im OWS-Lager bestätigt die Vermutung des relativ niedrigen Durchschnittsalters: Nach den Ergebnissen des Analysten Douglas Schoen waren etwa 49% der Befragten unter 30 Jahren alt[12]. Ein wesentlicher Unterschied zur Tea-Party-Bewegung ist hier bereits erfasst: Laut einer Umfrage des Instituts Greenberg Quinlan Rosberg aus dem Jahr

---

[9] Potts, Charlotte (2011): „Bildungspleite: Amerikas Studenten stehen vor dem kollektiven Bankrott", S.1. URL: http://www.handelsblatt.com/politik/international/bildungspleite [Stand: 26.02.2012].

[10] Vgl. Roth, Marco: „Abschiedsbriefe an den amerikanischen Traum". In: Blumenkranz, Carla/ Gessen, Keith/ Glazek, Christopher u.a. (Hg.): *Occupy: Die ersten Wochen in New York. Eine Dokumentation.* Berlin: Suhrkamp, 2011. S. 43

[11] Eintrag, der zwischen dem 3. und dem 29. Oktober 2011 auf wearethe99percent.tumblr.com gepostet wurde, publiziert in: Blumenkranz, Carla/ Gessen, Keith/ Glazek, Christopher u.a. (Hg.): *Occupy: Die ersten Wochen in New York. Eine Dokumentation.* Berlin: Suhrkamp, 2011. S. 37

[12] Vgl. Schoen, Douglas (2011): „Occupy Wall Street Survey Topline", S.1; URL: http://www.douglasschoen.com/pdf/Occupy_Wall_Street_Poll_Douglas_Schoen.pdf [Stand: 26.02.2012].

2010 sind Tea-Party-Anhänger meist deutlich älter als die Gesamtbevölkerung.[13]

Was bedeutet das? Zum einen gilt es zu bedenken, dass jungen Menschen, rein körperlich gesehen, eher die Möglichkeiten zu öffentlichkeitswirksamen Aktionen gegeben sind. Das tagelange Kampieren vor Gebäuden mitten in der New Yorker Innenstadt wäre dem durchschnittlichen Tea-Party-Anhänger wohl kaum möglich gewesen. Zum anderen ist zu vermuten, dass der Ausgang der Proteste in Anbetracht der Tatsache, dass vor allem Jüngere betroffen sind, weit größeren Einfluss auf Amerikas Zukunft haben kann.

Als weiterer Beweggrund für die Bewegung nennt die Frankfurter Rundschau am 04.01.2012 die Enttäuschung über Präsident Obama[14]. Dem widerspricht allerdings deutlich die bereits erwähnte Umfrage Schoens unter OWS-PartizipantInnen im Zuccotti-Park. Von 198 Befragten antworteten lediglich 56% 2008 überhaupt ihre Stimme abgegeben zu haben, davon 74% für Obama[15].

Die Occupy-Bewegung in den USA kann also letztendlich zwar teilweise als Resultat aus unerfüllten Erwartungen an Obama begriffen werden, primär ist sie jedoch Folge sozialer Missstände, die speziell die jüngere Generation betreffen und zum politischen Aktivismus motivieren. Die Folgen daraus sind zweiseitig: Zum einen ergibt sich ein enorm hohes Potential, die Bewegung auch langfristig noch aufrecht zu erhalten. Allerdings kommt es einem Zynismus gleich, politischen Aktivismus aufrecht erhalten zu wollen, der auf einer Notsituation basiert, hier der schlechten finanziellen Lage junger Amerikaner.

---

[13] Vgl. The New York Times/CBS News (2010): „National Survey Of Tea Party Supporters", S. 41; URL: http://s3.amazonaws.com/nytdocs/docs/312/312.pdf, [Stand: 26.02.2012]

[14] Vgl. Moll, Sebastian (2012): „Occupy: Vom Zuccotti-Park ins Großraumbüro", S.2. URL: http://www.fr-online.de/politik/occupy-vom-zuccotti-park-ins-grossraumbuero,1472596,11384944.html [Stand: 26.02.2012]

[15] Vgl. Schoen, Douglas (2011): „Occupy Wall Street Survey Topline", S.2. URL: http://www.douglasschoen.com/pdf/Occupy_Wall_Street_Poll_Douglas_Schoen.pdf [Stand: 26.02.2012]

3.2 Organisationsform

„*Die Occupy-Bewegung unterscheidet sich von allem, was wir bisher hatten*", so die US-amerikanische Bürgerrechtlerin Angela Yvonne Davis[16]. Das trifft im Besonderen auf die dezentrale Organisation und antiautoritäre Führung der Bewegung zu. Doch ist Occupy tatsächlich so unorganisiert und strukturlos wie häufig dargestellt?

Erfahrungsberichte aus den Lagern selbst sprechen eine andere Sprache. Aus dem ehemaligen Camp von OWS im Zuccotti-Park berichtet Partizipantin Marina Sitrin, dass man sich die Organisation einer *asamblea general* zum Vorbild genommen habe. Diese Versammlung sei nochmals untergliedert in autonome, „*dezentrale Arbeitsgruppen, die auch untereinander kommunizieren*"[17], und trotz ihrer Autonomie für Grundsatzentscheidungen stets die gesamte *asamblea general* befragten[18]. Diese Arbeitsgruppen bestehen nachweislich auch heute noch, trotz der mittlerweile erfolgten Auflösung des Camps: Über die Internetseite http://www.nycga.net/groups/ ist es nach wie vor möglich, die Arbeit in den einzelnen Komitees zu verfolgen oder sich selbst als Mitarbeiter zu registrieren.

Deutlich wird also, dass die Organisation der (in diesem Fall) OWS-Bewegung vor allem antihierarchisch, also horizontal, und nicht etwa anarchisch erfolgt. Eine besondere Rolle kommt auch dem Kommunikationsmedium Internet zuteil: Laut Nicholas Mirzoeff, Professor für Medien und Kommunikation an der New York University, könne der Einfluss des Internets auf die Organisation der Occupy-Bewegung gar nicht hoch genug eingeschätzt werden. Er hebt die enorme virtuelle Präsenz der Partizipanten in Blogs, sozialen Netzwerken oder Twitter hervor[19].

Derartige Kommunikationsformen haben zum einen den Vorteil, dass auch die internationale

---

[16] Rassbach, Elsa (2011): „Unsere Bewegung wächst noch", S.3. Interview geführt von der Autorin. URL: http://www.neues-deutschland.de/artikel/214026.unsere-bewegung-waechst-noch.html [Stand: 27.02.2012].

[17] Sitrin, Marina: „Ein Nein! Viele Jas! Occupy Wall Street und die neuen horizontalen Bewegungen". In: Blumenkranz, Carla/ Gessen, Keith/ Glazek, Christopher u.a. (Hg.): *Occupy: Die ersten Wochen in New York. Eine Dokumentation.* Berlin: Suhrkamp, 2011. S. 61.

[18] Vgl. ebd., S.62

[19] Vgl. Herbold, Astrid (2011): „Occupy lebt Basisdemokratie vor", S.3. URL: http://www.zeit.de/digital/internet/2011-11/occupy-handzeichen-kommunikation [Stand: 26.02.2012].

Präsenz der Bewegung deutlich gesteigert werden kann. Zum anderen bieten digitale Medien eine einzigartige Einflussmöglichkeit in der politischen Sozialisation von Jugendlichen: Eine Studie von Pew Internet & American Life Project aus dem Jahr 2011 besagt, dass rund 95% der amerikanischen Jugendlichen im Alter von 12-17 Jahren online sind, 80% davon verfügen über einem Zugang zu einem sozialen Netzwerk und/oder Twitter[20]. Occupy scheint mit der Präsenz in digitalen Medien also genau den Zahn der Zeit getroffen und somit auch gute Chancen bei der Rekrutierung weiterer AktivistInnen aus der jüngeren Generation zu haben.

Eine demgegenüber allerdings oft als Schwäche erachtete Tatsache ist allerdings, dass sich die Bewegung offensichtlich bewusst von konkreten Forderungen distanziert. Journalistin Heike Buchter berichtet von einer Tafel im Zuccotti Park auf der täglich neue Grundsätze der Bewegung festgehalten worden seien, darunter das Motto: *„Wer Forderungen stellt, macht sein Glück abhängig von den Befehlen anderer"*[21]. Mit den „anderen" sind hier wohl nicht zwingend genau Obama und die Demokraten gemeint, von deren Politik sich Occupy eben nicht abhängig machen wolle, sondern vielmehr die Allgemeinheit sämtlicher parteiähnlichen Organisationen.
Diese untergeordnete Rolle konkreter Aufträge an die Politik begründet Marina Sitrin mit der Philosophie, dass es vor allem darum ginge, *„überhaupt einmal Räume für (…) echte, direkte und partizipatorische Demokratie"*[22] zu schaffen. Sei dies geschehen, so könne man damit beginnen, konkrete Forderungen zu erarbeiten. Dabei müsse man allerdings zunächst sogar deren Notwendigkeit infrage stellen: *„Wenn die Bewegung groß genug wäre, müssten wir womöglich von niemandem mehr etwas verlangen, außer von uns selbst"*[23]. Sitrin setzt also voraus, dass sich auch bei einer größeren Zahl an PartizipantInnen immer irgendwann ein Grundkonsens finden ließe, der bei eigener Umsetzung eine Nation verändern könne.

---

[20] Vgl. Pew Internet & American Life Project (2011): „Teens, kindness and cruelty on social network sites", S.1. URL: http://pewinternet.org/Reports/2011/Teens-and-social-media/Summary/Findings.aspx [Stand: 26.02.2012].
[21] Vgl. Buchter, Heike (2011): „Die Netten im Park", S.3.
URL: http://www.zeit.de/2011/41/Protest-New-York/seite-2 [Stand: 26.02.2012].
[22] Sitrin, Marina: „Ein Nein! Viele Jas! Occupy Wall Street und die neuen horizontalen Bewegungen". In: Blumenkranz, Carla/ Gessen, Keith/ Glazek, Christopher u.a. (Hg.): *Occupy: Die ersten Wochen in New York. Eine Dokumentation.* Berlin: Suhrkamp, 2011. S. 61.
[23] Vgl. ebd.

Auf dem Blog des Occupy-initiierenden, konsumkritischen[24] Magazins *Adbusters* heißt es dazu: *„(W)e talk to each other in various physical gatherings and virtual people's assemblies ... we zero in on what our one demand will be"*[25]. Würde man die Bewegung nach diesem Zitat in ein Modell fassen, so könnte man also feststellen, dass im Zentrum eben nicht mehr Ziele und Forderungen stünden, sondern stattdessen der damit verbundene Prozess der Meinungsbildung: „Der Weg ist das Ziel", so sagte es schon Konfuzius.

Schwierigkeiten bei der Umsetzung dieser Theorie in politische Praxis haben allerdings zu Folge, dass die Bewegung nach außen hin eher für Chaos als für innere Geschlossenheit zu stehen scheint. Bei Diskussionen mit tausenden von Menschen zu einem gemeinsamen Konsens zu kommen ist nicht nur schier unmöglich, sondern, wie oben dargstellt, noch nicht einmal das angestrebte Ziel der Bewegung.

Zusammenfassend lässt sich zur Organisation der Occupy-Bewegung also sagen, dass sie durchaus einem System unterliegt, welches auf eine Horizontalität der Bewegung setzt. Hinzukommt, dass die Bewegung aufgrund ihrer Weitläufigkeit organisatorisch auf das World Wide Web angewiesen ist und durch die enorm hohe Aktivität der AktivistInnen in sozialer Netzwerken etc. durchaus gute Chancen haben könnte, bei Jugendlichen Anklang zu finden. Dabei stellt sich allerdings die Frage, inwiefern die Akzeptanz der Bewegung bei neuen, potentiellen Anhängern nicht unter dem großen Hang zur Basisdemokratie und dem dadurch mangelnden Konsens leidet.
Wie offen zeigt sich Amerikas Bevölkerung zur „Mission Basisdemokratie"? Diese Frage soll im folgenden Kapitel beantwortet werden.

---

[24] Vgl. Kim, Uh-Young (2005): „Konsumkritik mit Kick-Ass-Marketing", S.1. URL: http://www.spiegel.de/kultur/gesellschaft/adbusters-konsumkritik-mit-kick-ass-marketing-a-386645.html [Stand: 27.02.2012].

[25] Adbusters Culturejammer Headquarters (2011): „A shift in revolutionary tactics", S.2. In: Adbusters Blog. URL: http://www.adbusters.org/blogs/adbusters-blog/occupywallstreet.html [Stand: 27.02.2012]

3.3 Öffentliche Akzeptanz

„*We are the 99 percent*" ist nicht nur Motto der Occupy-Bewegung, sondern auch das durch die Yale University ausgewählte US-Zitat des Jahres 2011[26]. Vor dem Hintergrund dieses Urteils und der umfassenden Berichterstattung aus den USA steht es wohl außer Frage, dass Occupy definitiv nicht spurlos an der amerikanischen Gesellschaft vorbei geht - trotz der mittlerweile erfolgten Auflösung einiger Lager. Dennoch hält sich die Resonanz auf die Bewegung in Grenzen, wie zwei repräsentative Meinungsumfragen von USA Today/Gallup zu OWS zeigen.

Die erste Meinungsumfrage wurde am 15. und 16. Oktober 2011 unter 1026 Befragten aller Bundesstaaten der USA durchgeführt[27]. Das Resultat machte vor allem deutlich, dass sich mit 63% ein Großteil als nicht genügend über die Ziele der Bewegung informiert einstufte, um eine Meinung darüber abgeben zu können. De facto schien die Bewegung zu diesem Zeitpunkt in der Bevölkerung noch relativ unpopulär gewesen zu sein. Folglich ist es nicht überraschend, dass ebenfalls über 50% angaben, weder Gegner noch Befürworter von OWS gewesen zu sein.

Bei der anschließend im November 2011 durchgeführten Umfrage[28] mit denselben Fragen zeigten sich insgesamt ähnliche Ergebnisse, speziell bezüglich der Popularität und der Meinungsbildung der Amerikaner gegenüber Occupy Wall Street. Erneut gaben 59% der Befragten an, nicht genügend über die Ziele der Bewegung zu wissen, um sich als Gegner oder Befürworter einzustufen[29]. Die Begründung dessen kann allerdings nicht in einer unzureichend erfolgenden Berichterstattung begründet liegen, denn die Umfrageergebnisse belegen ebenfalls, dass in allen Regionen der USA rund 50% sehr oder zumindest annähernd genau verfolgen.

---

[26] Vgl. Handelszeitung nach einer Mitteilung der Presseagenturen tno/vst/sda (2011): „Occupy-Slogan ist US-Zitat des Jahres". URL: http://www.handelszeitung.ch/konjunktur/amerika/occupy-slogan-ist-us-zitat-des-Jahres [Stand: 27.02.2012].

[27] Jones, Jeffrey M. (2011): „Most Americans uncertain about 'Occupy Wall Street' goals", S.1. URL: http://www.gallup.com/poll/150164/americans-uncertain-occupy-wall-street-goals.aspx [Stand: 26.02.2012].

[28] Vgl. ebd., S.2.

[29] Saad, Lydia (2011): „Support for ‚Occupy' Unchanged, bot More Critize Approach", S.1. URL: http://www.gallup.com/poll/150896/support-occupy-unchanged-criticize-approach.aspx [Stand: 26.02.2012].

Signifikant zeigte sich allerdings ein Anstieg derer, die die Vorgehensweise der OWS kritisierten: Von zuvor 20% antworteten im November nun rund 30%, dass sie die Art und Weise, mit der die Proteste durchgeführt würden, verurteilten[30].

Zur Einordnung der Umfrageergebnisse wäre an dieser Stelle noch interessant zu wissen, ob und inwiefern die Ergebnisse je nach Schichtenzugehörigkeit möglicherweise divergieren. Bedenkt man die Motivationen von Occupy, so wäre eine besonders positive Resonanz bei Einkommensschwachen zu vermuten.
Nach einer im Oktober 2011 durchgeführten Umfrage[31] der Quinnipiac University steigt die Zahl der Unterstützer allerdings entgegen der Erwartungen tatsächlich mit der Höhe des jährlichen Haushaltseinkommens. Somit ist die Zahl derer, die Occupy befürworten, in der obersten Einkommensgruppe (>100.000 US-Dollar/Jahr) um 10% höher als in der untersten (<30.000 US-Dollar/Jahr).

An dieser Stelle wird also deutlich, dass die Öffentlichkeit und vor allem die „Zielgruppe" Occupys, nämlich die unteren Schichten, doch sehr verhalten auf die Bewegung reagieren, wie es zunächst aufgrund von enormer Präsenz in (digitalen) Medien nicht zu vermuten war. Als Grund gilt daher nicht primär der nicht vorhandene Konsens, sondern die Art und Weise mit der die Proteste geführt wurden. Das Problem der nicht vorhandenen, konkreten Ziele der Bewegung könnte allerdings als Auslöser zu handhaben sein für die besonders hohe Quote derer, die bei den Umfragen angaben, nicht genügend über die Bewegung zu wissen.
Als problematisch ist hier also nicht etwa Occupys „Mission" zu mehr Basisdemokratie anzusehen, sondern vielmehr die Tatsache, dass das Bild der „orientierungslosen, unorganisierten AktivistInnen" in der Öffentlichkeit die wenigen vage formulierten Ziele der Bewegung deutlich überdeckt.

---

[30] Saad, Lydia (2011): „Support for ‚Occupy' Unchanged, bot More Critize Approach", S.2 URL: http://www.gallup.com/poll/150896/support-occupy-unchanged-criticize-approach.aspx [Stand: 26.02.2012].

[31] Quinnipiac University Polling Institute (2011): „Quinnipiac University National Poll", S.5. URL: http://www.quinnipiac.edu/institutes-and-centers/polling-institute/national/release-detail?ReleaseID=1670 [Stand: 26.02.2012]

4. Obamas Haltung zu Occupy: kluge Taktik oder ungenutzte Chance?

Warum hat sich Obamas Wahlkampfteam für welche Haltung gegenüber Occupy entschieden? - so lautete die Frage in der Einleitung.

Kapitel 2 hat gezeigt, dass vor allem Diplomatie Obamas Haltung prägt, sodass weder eine ablehnende noch eine unterstützende Position seinerseits erkennbar ist. Aspekte, die in jedem Fall für eine Annäherung an die Bewegung sprechen würden, sind zum einen das relativ junge Alter der Betroffenen, die auch langfristig die Wählerschaft der Demokraten vergrößern könnten. Auch die offensichtlich große Bereitschaft Occupys, politisch aktiv zu werden und Öffentlichkeitsarbeit zu leisten würde den Demokraten die Arbeit nahezu erleichtern, wie auch die enorme Präsenz Occupys in digitalen Medien. Alle drei Komponenten, also das junge Alter, die hohe Bereitschaft aktiv zu werden und die Vertrautheit im Umgang mit digitalen Medien, sprächen definitiv für eine Annäherung an die Bewegung.

Und die andere Seite der Medaille?
Wie Teil 3.3 zeigt, hält sich die Begeisterung über so viel politischem Aktivismus bei einem Großteil der amerikanischen Bevölkerung in Grenzen. Ihre primär ablehnende Haltung gegenüber dem Vorgehen von Occupy Wall Street könnte fatale Auswirkungen auf den Ruf Obamas haben, sodass sich das Risiko, so kurz vor den Präsidentschaftswahlen dadurch Sympathiepunkte bei der Stammwählerschaft zu verlieren, eindeutig zu hoch wäre.
Allerdings lässt sich ebenfalls darauf spekulieren, dass, wenn Occupy andere Protestmethoden gewählt hätte, auch Obamas Einstellung gegenüber der Bewegung womöglich anders aussähe. Womöglich wäre zu den oben genannten Faktoren der besonderen Erreichbarkeit junger Wähler dann nämlich noch zusätzlich eine breite Akzeptanz in der Bevölkerung gestoßen, der kaum ein politischer Taktiker entsagen würde.
Zu Beginn war es also politischer Handlungsspielraum, den Obama durch die Diplomatie für sich gewinnen konnte. Seine Haltung wurde jedoch nicht von der Dynamik der Ereignisse mitgerissen, sodass die diplomatische Handlungsfreiheit nun vor dem Hintergrund der öffentlichen Akzeptanz Occupys zunehmend bedeutungslos geworden ist.
Nicht Obama, nicht die Wahlkampfstrategen, nicht die Demokraten, sondern Amerika hat hier über die Wahlkampfstrategie Obamas entschieden.

Arbeitstagebuch

26. + 27.11. 2011	- Materialrecherche
07.12.2011	- Materialrecherche und erstes Beratungsgespräch
04.-07.01.2012	- Ausarbeitung eines Gliederungsvorschlags
10.01.2012	- kurze Besprechung der Gliederung mit dem Beratungslehrer
20. + 22.01.2012	- Materialrecherche und Verfassen der Einleitung
28.01.2012	- Materialrecherche
28. + 29.01.2012	- Verfassen von Punkt 2.1
05.02.2012	- Verfassen von Punkt 2.2 und des Fazits
12.02.2012	- Überarbeitung der Einleitung, sowie der Punkte 2.1 und 2.2, Verfassen der Überleitung zu Punkt 3
13.02.2012	- Verfassen von Punkt 3.1
19.02.2012	- Verfassen von Punkt 3.2, Überarbeitung von Punkt 2.1 und 2.2
20.02.2012	- Zweites Beratungsgespräch, Überarbeitung der Facharbeit und Vorbereitung von Punkt 3.3
23.02.2012	- Verfassen von Punkt 3.3, Überarbeitung der Zitierweise
24.02.2012	- Kürzen der Facharbeit durch Löschen eines kompletten Kapitels ("Darstellung der momentanen Beziehung zwischen Occupy und Obama")
25.02.2012	- Verfassen eines neuen zweiten Kapitels, Titelfestlegung
26.02.2012	- Fertigstellung der Facharbeit, Erstellung des Inhaltsverzeichnisses und erstes Korrekturlesen

6. Literaturverzeichnis

Petersen, Charles: „Die Politik der Armen. Die 99 Prozent und der Populismus von links." In: Blumenkranz, Carla/ Gessen, Keith/ Glazek, Christopher u.a. (Hg.): *Occupy: Die ersten Wochen in New York. Eine Dokumentation.* Berlin: Suhrkamp, 2011. S. 51f.

Roth, Marco: „Abschiedsbriefe an den amerikanischen Traum". In: Blumenkranz, Carla/ Gessen, Keith/ Glazek, Christopher u.a. (Hg.): *Occupy: Die ersten Wochen in New York. Eine Dokumentation.* Berlin: Suhrkamp, 2011. S. 43.

Sitrin, Marina: „Ein Nein1 Viele Jas! Occupy Wall Street und die neuen horizontalen Bewegungen". In: Blumenkranz, Carla/ Gessen, Keith/ Glazek, Christopher u.a. (Hg.): *Occupy: Die ersten Wochen in New York. Eine Dokumentation.* Berlin: Suhrkamp, 2011. S. 61-62.

Einträge, die zwischen dem 3. und dem 29. Oktober auf wearethe99percent.tumblr.com gepostet wurden. In: Blumenkranz, Carla/ Gessen, Keith/ Glazek, Christopher u.a. (Hg.): *Occupy: Die ersten Wochen in New York. Eine Dokumentation.* Berlin: Suhrkamp, 2011. S. 51f.

7. Internetquellenverzeichnis

ABC News (2011): „Transcript: ABC News' Jake Tapper's Exclusive Interview With President Obama", S. 3. URL: http://abcnews.go.com/Nightline/transcript-abc-news-jake-tappers-exclusive-interview-president/story?id=14764446 [Stand: 26.02.2012].

Adbusters Culturejammer Headquarters (2011): A shift in revolutionary tactics", S. 2. In: Adbusters Blog. URL: http://www.adbusters.org/blogs/adbusters-blog/occupywallstreet.html [Stand: 27.02.2012].

Buchter, Heike (2011): „Die Netten im Park", S.3.
URL: http://www.zeit.de/2011/41/Protest-New-York/seite-2 [Stand: 26.02.2012].

Carroll, Conn (2011): „Obama's impending Occupy nightmare".
URL: http://campaign2012.washingtonexaminer.com/blogs/beltway-confidential/obamas-impending-occupy-nightmare [Stand: 25.02.2012].

Dörner, Stephan/ Rüdel, Nils (2011): „‚Occupy Wall Street': Hacker wollen die Börse aus dem Netz radieren", S.1. URL: http://www.handelsblatt.com/technologie/it-tk/it-internet/occupy-wall-street-hacker-wollen-die-boerse-aus-dem-netz-radieren/4693264.html [Stand: 26.02.2012].

Handelszeitung nach einer Mitteilung der Presseagenturen tno/vst/sda (2011): „Occupy-Slogan ist US-Zitat des Jahres". URL: http://www.handelszeitung.ch/konjunktur/amerika/occupy-slogan-ist-us-zitat-des-Jahres [Stand: 27.02.2012].

Herbold, Astrid (2011): „Occupy lebt Basisdemokratie vor", S.3.
URL: http://www.zeit.de/digital/internet/2011-11/occupy-handzeichen-kommunikation [Stand: 26.02.2012].

Jones, Jeffrey M. (2011): „Most Americans uncertain about 'Occupy Wall Street' goals", S.1.
URL: http://www.gallup.com/poll/150164/americans-uncertain-occupy-wall-street-goals.aspx [Stand: 26.02.2012].

Kim, Uh-Young (2005): „Konsumkritik mit Kick-Ass-Marketing", S.1.
URL: http://www.spiegel.de/kultur/gesellschaft/adbusters-konsumkritik-mit-kick-ass-marketing-a-386645.html [Stand: 27.02.2012].

Madison, Lucy (2011): „Obama: ‚Occupy Wall Street' reflects 'broad-based frustration'", S.1. URL: http://www.cbsnews.com/8301-503544_162-20116707-503544/obama-occupy-wall-street-reflects-broad-based-frustration-/ [Stand: 26.02.2012].

Mathé, Alexander U. (2011): „Mit Occupy kommt linke Kritik an Obama", S.1. Interview geführt vom Autor, URL: http://www.wienerzeitung.at/nachrichten/politik/welt/ [Stand: 26.02.2012].

Moll, Sebastian (2012): „Occupy: Vom Zuccotti-Park ins Großraumbüro", S.2.
URL: http://www.fr-online.de/politik/occupy-vom-zuccotti-park-ins-grossraumbuero,1472596,11384944.html [Stand: 26.02.2012].

Pew Internet & American Life Project (2011): „Teens, kindness and cruelty on social network sites", S.1. URL: http://pewinternet.org/Reports/2011/Teens-and-social-media/Summary/Findings.aspx [Stand: 26.02.2012].

Potts, Charlotte (2011): „Bildungspleite: Amerikas Studenten stehen vor dem kollektiven Bankrott", S.1. URL: http://www.handelsblatt.com/politik/international/bildungspleite [Stand: 26.02.2012].

Quinnipiac University Polling Institute (2011): „Quinnipiac University National Poll", S.6.
URL: http://www.quinnipiac.edu/institutes-and-centers/polling-institute/national/release-detail?ReleaseID=1670 [Stand: 26.02.2012].

Rassbach, Elsa (2011): „Unsere Bewegung wächst noch", S.3. Interview geführt von der Autorin. URL: http://www.neues-deutschland.de/artikel/214026.unsere-bewegung-waechst-noch.html [Stand: 27.02.2012].

Saad, Lydia (2011): „Support for ‚Occupy' Unchanged, bot More Critize Approach", S.1f. URL: http://www.gallup.com/poll/150896/support-occupy-unchanged-criticize-approach.aspx [Stand: 26.02.2012].

Schoen, Douglas (2011): „Occupy Wall Street Survey Topline", S.1f. URL: http://www.douglasschoen.com/pdf/Occupy_Wall_Street_Poll_Douglas_Schoen.pdf [Stand: 26.02.2012].

The New York Times/CBS News (2010): „National Survey Of Tea Party Supporters", S.41. URL: http://s3.amazonaws.com/nytdocs/docs/312/312.pdf, [Stand: 26.02.2012].